COUR IMPÉRIALE DE BASTIA.

PROCÈS-VERBAL

DE L'INSTALLATION

DE M. BÉCOT

EN QUALITÉ

DE PREMIER PRÉSIDENT

Audience Solennelle du 15 Juin 1867.

DISCOURS

PRONONCÉS

PAR MM. DE CASABIANCA, 1er AVOCAT GÉNÉRAL.
STEFANINI, DOYEN DES PRÉSIDENTS DE CHAMBRE.
BÉCOT, PREMIER PRÉSIDENT.

BASTIA
DE L'IMPRIMERIE FABIANI.

1867.

INSTALLATION

DE M. BÉCOT

EN QUALITÉ

DE PREMIER PRÉSIDENT.

Le quinze juin mil huit cent soixante-sept, à midi précis, la Cour impériale de Bastia s'est réunie au Palais de justice, dans la salle de l'Empereur, en assemblée générale des Chambres et en robes rouges, sur la convocation et sous la présidence de M. Stefanini, Doyen des Présidents de Chambre f. f. de Premier Président, pour procéder à l'installation de M. Bécot en qualité de Premier Président.

Étaient présents MM. Stefanini, doyen des Présidents de Chambre f. f. de Premier Président, Chevalier de l'ordre impérial de la Légion d'honneur, Andrau Moral, conseiller doyen ✱, Poli ✱, Levie ✱, de Gafforj ✱, Gregorj ✱, Suzzoni ✱, de Montera ✱, Cte Colonna d'Istria, Fabrizj ✱, Poggi, Roux, Peraldi ✱, Arrighi, D'Etiveaud, de Casabianca, Stephanopoli, Belgodere de Bagnaja ✱, Conseillers; de Casabianca, Premier Avocat Général ☼, de Montera, Avocat Général, Lota, Substitut; Bettolacce, Greffier en Chef tenant la plume, Canavaggia, Soliva et Casabianca, Greffiers d'audience.

Était absent en congé, M. Jourdan, Président de Chambre.

A midi précis, la Cour, précédée de ses huissiers, s'est rendue dans la grand' salle de ses audiences solennelles, où se trouvaient réunies toutes les autorités constituées et les membres des divers corps et administrations publiques invités à cette solennité.

Les autorités occupaient dans l'intérieur de la salle les places et le rang qui leur sont indiqués par le décret sur les préséances;

L'ordre des avocats et les deux communautés des avoués près la Cour et près le Tribunal de 1re instance étaient présents à la séance, revêtus de leur costume;

A l'arrivée de la Cour, tout l'auditoire s'est levé et ne s'est assis de nouveau que lorsque M. Stefanini, f. f. de Premier Président, s'est assis lui-même.

M. Stefanini, f. f. de Premier Président, a ouvert la séance et il a nommé une députation composée de MM. Andrau-Moral, Conseiller doyen, Poli, Stephanopoli, Belgodere de Bagnaja, Conseillers; de Montera, Avocat Général, Lota, Substitut.

Cette députation, précédée de deux huissiers de service, s'est rendue auprès de M. Bécot Premier Président.

Ce magistrat a été introduit dans la salle par la députation, et conduit à un fauteuil placé pour lui en avant des autorités invitées et en face de la Cour.

M. Stefanini, f. f. de Premier Président, a donné ensuite la parole à M. de Casabianca, Premier Avocat Général, qui s'est exprimé en ces termes :

MESSIEURS,

Le décret que nous vous apportons, en donnant un nouveau chef à notre Compagnie, nous a imposé en même temps une pénible séparation. M. le Premier Président Germanes a laissé dans ce ressort, en le quittant, un nom qui vivra dans la mémoire reconnaissante des justiciables. Savoir éprouvé, connaissance approfondie des affaires, ardeur pour le travail que n'affaiblissaient ni l'âge ni le soin d'une santé parfois incertaine, j'indique à peine quelques-unes des qualités qui le recommandaient à un si haut degré, et qui lui avaient concilié, dès le début, l'estime et la considération générales.

Les vertus de l'homme privé rehaussaient encore en lui la valeur du magistrat. Plein de courtoisie et de bienveillance, il était incapable de désobliger, et toujours heureux lorsqu'il pouvait rendre service. Son dévouement à cette Compagnie n'était égalé que par la respectueuse affection qui nous attachait à lui, et dont je me félicite, pour ma part, d'avoir à lui transmettre la vive et sincère expression, avec celle de nos communs regrets.

Votre nomination, Monsieur le Premier Président, était aussi ardemment désirée qu'impatiemment attendue. Nous rendons grâce au gouvernement de l'Empereur qui a pressenti nos vœux unanimes et a daigné les exaucer. Le décret qui vous a conféré la haute dignité dont vous allez être investi, ne vous a pas seulement accordé la récompense qui était si bien due à l'éclat et à la distinction de vos services; il a satisfait en outre aux justes exigences de la situation. Je ne veux pas parler ici, car vous ne m'excuseriez pas de le faire, des rares talents que vous avez tour à tour déployés dans les travaux du cabinet, à l'audience ou dans nos solennités judiciaires; mais ce que je puis dire, c'est que vous connaissez notre pays, que vous l'aimez, et qu'à tous les titres, vous étiez merveilleusement préparé pour recueillir la succession de ces Chefs éminents dont la Cour a tant de raisons de s'enorgueillir. Vous vous êtes consacré jusqu'ici, avec une vigilante sollicitude et un plein succès, à l'administration de la justice criminelle. Désormais c'est dans des régions plus sereines que la supériorité de votre esprit trouvera à s'exercer. Grande et noble mission à laquelle nulle autre ne me paraît comparable, et qui vous permettra d'atteindre, par des voies différentes, le but que vous avez incessamment poursuivi : l'apaisement des passions et le respect des intérêts légitimes par le règne du droit.

Une voix aimée vous dira tout-à-l'heure, Monsieur le Premier Président, avec quelle vive satisfaction la Cour va vous ouvrir ses rangs pour vous placer à sa tête. — Quant à vos anciens collaborateurs du Parquet, ce qu'ils tiennent surtout à vous exprimer par ma bouche, c'est qu'heureux et fiers d'une élévation qui a élargi la sphère de votre influence sans vous éloigner de ce Palais, ils redoubleront d'efforts pour se rendre de plus en plus dignes de ces généreux encouragements que vous leur avez toujours départis d'une main si libérale, et qui continueront à être pour eux une puissante excitation à bien faire.

Après ce discours M. le Premier Avocat Général a pris les réquisitions suivantes :

Nous requérons qu'il plaise à la Cour ordonner qu'il soit fait lecture du Décret de Sa Majesté qui nomme M. Bécot Premier Président de la Cour Impériale de Bastia, et du procès-verbal qui constate sa prestation de serment entre les mains de l'Empereur ; déclarer ensuite M. Bécot installé dans ses nouvelles fonctions.

Faisant droit à ces réquisitions, M. Stefanini, f. f. de Premier Président, a ordonné au nom de la Cour, à M. Bettolacce, Greffier en Chef, de donner lecture de ces deux actes ;

Durant cette lecture, M. le Premier Président s'est tenu debout et découvert.

Après l'accomplissement de cette formalité, M. le Président a prononcé l'arrêt suivant :

« La Cour donne acte de la lecture du Décret » qui nomme M. Bécot Premier Président de la » Cour, et du procès-verbal qui constate sa » prestation de serment entre les mains de Sa » Majesté ; — Déclare M. Bécot installé dans « l'exercice de ses fonctions de Premier Prési- » dent ; — Dit que du tout il sera sur ses regis- » tres dressé procès-verbal dont une expédition » sera transmise à son Excellence M. le Garde » des Sceaux. »

Après la prononciation de cet arrêt, M. Stefanini, f. f. de Premier Président, a pris la parole et, assis et couvert, il a prononcé l'allocution suivante :

MONSIEUR LE PREMIER PRÉSIDENT,

L'accueil que la Cour vous fait, vous dit, mieux que mes paroles ne pourraient l'exprimer, combien elle applaudit au choix de l'Empereur, qui en vous plaçant à sa tête, a mis le comble à ses vœux.

Vous n'êtes pas, en effet, pour elle une connaissance à faire ; elle sait qui vous êtes ; elle sait ce que vous valez ; — la fermeté, la sagesse, le rare talent que vous avez, durant trois années, déployés sous ses yeux, dans l'exercice des importantes et difficiles fonctions de Procureur Général, lui avaient appris que vous êtes fortement en possession des grandes qualités qu'exige la haute charge dont vous recevez en ce jour l'investiture.

Aussi bien, elle vous y appelait de toutes ses espérances, et *leur murmure, arrivant à l'oreille attentive de M. le Garde des Sceaux*, n'est peut-être pas resté entièrement étranger à la juste récompense que l'Empereur a bien voulu accorder à votre mérite et à vos éminents services.

Daignez donc agréer, pour cette récompense, qui est en même temps la nôtre, l'hommage de nos respectueuses félicitations : — jamais, dans cette enceinte, il n'en aura été offert de plus sincères ni de mieux méritées.

Mais, Monsieur le Premier Président, je n'aurais pas fait tout mon devoir, si, après avoir applaudi à votre avènement, je n'adressais une parole d'adieu au chef aimé et respecté que nos regrets ont suivi dans sa retraite.

Je ne veux pas dire de M. Germanes de ces choses qu'on dit trop souvent, et qui, même de loin, blesseraient sa modestie; je dirai simplement que, sous son administration, la dette de la justice a été payée avec la plus scrupuleuse, avec la plus prompte exactitude, et qu'entre ses mains la Première Présidence est restée à la hauteur de sa mission. — Mais ce que je veux surtout lui offrir à cette dernière heure — ce qu'il daignera surtout agréer — c'est le tribut de notre profonde gratitude pour les bontés, les prévenances, les égards si pleins de courtoisie dont il nous comblait, et dont rien ne pourra jamais affaiblir dans nos cœurs l'affectueux et reconnaissant souvenir.

Et maintenant, Monsieur le Premier Président, venez prendre la place qui vous appartient à si juste titre. Vous l'avez dignement acquise; vous en porterez dignement, noblement le fardeau.

Après cette allocution, M. Bécot a pris place sur le fauteuil de la Première Présidence, et il a prononcé le discours suivant :

Messieurs,

Dans une prochaine solennité semblable à celle qui nous réunit en ce moment, je pourrai dire avec quelque à-propos à mon honorable successeur, qui ne vous connaît pas encore et n'est pas connu de vous, qu'il rencontrera dans la magistrature de la Corse un entier dévoûment à seconder l'action salutaire des parquets, en même temps que vous pourrez être certains de trouver en lui un zèle intelligent qui garantisse à chacun dans ce ressort une égale protection des lois. Je serai heureux aussi d'exprimer en sa présence mes vifs remerciements aux dignes représentants de l'autorité publique dans ce département, pour le concours efficace qu'ils ont constamment accordé à mon administration. Si quelque bien a été fait, nul mieux que moi n'apprécie la part légitime qui leur en revient. Mais aujourd'hui, Messieurs, de la Cour à moi, j'ose croire que toutes les assurances et les protestations seraient superflues. Après une collaboration de trois années, nous n'avons rien à nous apprendre et rien à nous promettre. Le passé pour nous répond de l'avenir, tels nous avons été, tels nous continuerons d'être.

Je n'apporte parmi vous, Messieurs, dans le changement de ma situation, qu'une reconnaissance plus vive, s'il est possible, pour l'Empereur qui m'a honoré de cette nouvelle et précieuse marque de confiance. Son auguste sollicitude veille sans cesse aux intérêts de la Corse, et dans ces jours même d'une gloire inouie, le concours des Rois, ses hôtes, ne distrait pas sa pensée du berceau aimé de sa race. Le sentiment le plus profond peut-être, le plus vrai, le meilleur, que doit inspirer le spectacle de ce grand règne, resplendissant aujourd'hui des merveilles de la paix, c'est l'émulation de s'associer dans une mesure, si humble qu'elle soit, à l'œuvre immense que coordonne dans un ensemble harmonieux le génie de l'Empereur. La part qui revient à la magistrature dans cette œuvre est importante et belle. Je me disais en parcourant ce prodigieux Paris, où l'activité humaine dépasse actuellement toutes les proportions connues, où toutes les civilisations du globe se coudoient sans se heurter, où la fièvre du travail n'est que la santé sociale en exercice, où la joie monte visiblement du fond des cœurs sur les visages dans ces foules innombrables, je me disais qu'un tel résultat n'avait pu, après tout, être obtenu que par le respect de la loi. C'est la loi qui, par son application tutélaire, peut seule faire régner la concorde, la quiétude et le contentement dans les âmes, en maintenant une parfaite pondération entre les droits et les devoirs de tous, en affranchissant la faiblesse des abus de la force, en réglant sans violence les éternels conflits que fait naître le choc des intérêts individuels toujours aux prises. Oui, c'est par l'effet de la loi respectée et obéie que Paris offre aujourd'hui un spectacle de sociabilité et de solidarité humaine que le monde n'avait jamais contemplé. Aussi, l'éclair sinistre qui part du pistolet d'un assassin vient-il traverser cette atmosphère sereine, aussitôt la conscience publique proteste contre cet attentat sauvage par une réprobation spontanée, unanime et indignée. Cette grande image de la paix que présente notre capitale a véritablement quelque chose de religieux qui correspond aux vues de la Providence: la créature que Dieu a formée de ses mains paternelles jouit sans trouble des dons qu'elle en a reçus, elle donne avec sécurité une libre expansion à ses facultés naturelles, et, par un pieux retour, elle élève son adoration vers le Créateur, en se sanctifiant et s'ennoblissant par le travail.

C'est ainsi, Messieurs, que la magistrature, gardienne des lois, c'est ainsi que chacun de ses membres, dans la place qui lui est assignée, peut se considérer comme associé à l'œuvre grandiose que poursuit l'Empereur, œuvre qui semble, par son éclatant succès, ouvrir de nouvelles perspectives sur l'avenir des peuples qu'elle convie à la fraternité.

Rien ne peut, Messieurs, donner un plus noble but à notre vie, une plus pure satisfaction à notre âme, que de consacrer toute son étude à l'action de cette justice élevée, bienfaisante et civilisatrice.

C'est pénétré de cette pensée, que j'apprécie l'honneur d'avoir été jugé digne de ce fauteuil où je viens m'asseoir pour la première fois. J'en dois à M. le Garde des sceaux une gratitude dont je le prie d'agréer ici l'expression. Les témoignages d'intérêt que l'on obtient de l'illustre Chef de la magistrature sont d'autant plus chers que lui-même, personne ne l'ignore, n'a cessé d'être, depuis l'origine de l'Empire, en pleine possession de la confiance du Souverain; et nous le voyons aujourd'hui, sage ministre et orateur infatigable, joindre par un bien rare privilége, l'autorité d'une vieille expérience à l'éclat d'un talent tout brillant de jeunesse.

Ce siége, que je dois à son indulgente appréciation de modestes services, a été occupé, Messieurs, par des hommes éminents dont vous conservez le souvenir, M. de Castelli, qui avait été l'ami de Napoléon Ier, M. le Comte Colonna d'Istria dont la longue présidence à votre tête fut une sorte de règne judiciaire, le savant M. Calmètes que la Cour de Cassation vous ravit trop tôt. Leur digne successeur M. Germanes a emporté tous vos regrets. L'honneur d'avoir été son collègue m'autorise à rendre témoignage des excellentes qualités qui le distinguent, et je place au premier rang une courtoisie parfaite, une exquise urbanité. Durant notre collaboration, aucun nuage, grâces lui en soient rendues, ne s'éleva entre nous. Sa constante bienveillance lui avait acquis l'affection respectueuse de toute la magistrature du ressort ; sa vigilante ponctualité dans l'expédition des affaires lui donnait des droits à la reconnaissance des justiciables; la privation qu'il s'imposait des joies, des consolations et des secours de la famille, alors que sa santé éprouvait déjà les premières atteintes de l'âge, son éloignement volontaire de ses enfants et de ses petits enfants, afin de se consacrer aux devoirs de son état, étaient des sacrifices dont la Corse appréciait le mérite. Lorsque l'heure inexorable de la retraite a sonné pour lui, vous avez trouvé, Messieurs, pour répondre à ses adieux, des expressions touchantes. Nous venons d'entendre les mêmes sentiments reproduits avec un égal bonheur par le vénérable organe de notre Compagnie et par l'éminent orateur du Parquet. Je m'associe de grand cœur à tout ce qu'ils ont dit, puisqu'il ne m'a pas été permis de les devancer.

Plus heureux que M. Germanes, je n'ai pas d'adieux à faire. J'entre dans vos rangs, Messieurs, sans quitter mes anciens collègues : j'étais au milieu d'eux, je reste à côté d'eux; nos fonctions qui s'identifiaient hier, deviennent dès aujourd'hui parallèles, mais en demeurant assez voisines pour que nos mains puissent encore se toucher. Ils ne doivent pas douter que je m'efforcerai, comme par le passé, de faire tout ce qui sera en moi pour que justice leur soit rendue, car je sais ce qu'ils valent et ce qu'ils méritent.

Je me complais aussi à la pensée de ne pas quitter un barreau que distinguent de brillantes aptitudes et des officiers ministériels que recommande l'utile et honnête concours qu'ils nous prêtent. L'indépendance des avocats est nécessaire à la dignité de la magistrature, comme le respect de la magistrature est nécessaire à la dignité de la loi.

Enfin, Messieurs, je ne quitte pas la Corse où j'ai établi depuis trois ans mon foyer domestique, lui confiant ce que j'ai de plus cher. On vient de dire que son vœu avait été unanime pour me retenir : cet éloge, s'il est fondé, doit être reporté à ce pays lui-même qui, par ce nouvel exemple, si humble qu'il soit, aura montré une fois de plus, en dépit de préjugés trop répandus, qu'il n'est pas étranger à un équitable esprit de conciliation.

Mais si je n'ai pas eu, Messieurs, à subir la douleur des adieux, je pourrais, je l'avoue, éprouver quelque embarras à vous exprimer ma reconnaissance. Comment répondre à tant d'effusions flatteuses dont j'ai été comblé? En les passant sous silence, je devrais craindre le reproche d'une ingrate indifférence qui est loin de mon cœur; les accueillir comme un juste tribut payé à mon mérite, serait tomber dans une illusion dont je suis vraiment incapable; et si je les repousse, je ferai peut-être songer à ce mot de

Larochefoucault, que le refus de la louange est le désir d'être loué deux fois. Mais que Monsieur le Doyen de nos Présidents et Monsieur le Premier Avocat Général, qui se sont faits, dans un langage qui m'a touché, les interprètes de la Cour, des Parquets et des justiciables, me permettent de le dire : toutes ces préoccupations et ces inquiétudes sont dominées en moi par un sentiment plus haut : je sens dans mon âme un grand amour de la justice, et, sans rien considérer ailleurs, je prie Dieu de faire que mon désir pour le bien soit aussi efficace qu'il est ardent et sincère !

De tout ce que dessus a été dressé le présent procès-verbal, qui a été signé par M. Stefanini Doyen des Présidents de Chambre f. f. de Premier Président et par le Greffier en chef.

Signés : STEFANINI, BETTOLACCE.

BASTIA. — IMPRIMERIE FABIANI.

www.ingramcontent.com/pod-product-compliance
Lightning Source LLC
LaVergne TN
LVHW050514160826
845677LV00003B/1137

* 9 7 8 2 3 2 9 6 2 9 3 9 1 *